AF193183

Círculo Rojo
EDITORIAL

Reorientación de la fe en Jesús en el siglo XXI

Reorientación de la fe en Jesús en el siglo XXI

Carlos A. Pérez

Círculo Rojo
EDITORIAL

Primera edición: junio 2025

Depósito legal: AL 5237-2025
ISBN: 979-13-7016-526-0
Impresión y producción: Editorial Círculo Rojo

© Del texto: Carlos A. Pérez
© Maquetación y diseño: Equipo de Editorial Círculo Rojo

Editorial Círculo Rojo

www.editorialcirculorojo.com

info@editorialcirculorojo.com

Impreso en España - Printed in Spain

Índice

Introducción

El cristianismo es inspirado por Jesús de Nazaret, desde sus inicios hasta hoy han transcurrido más de dos mil años. Actualmente, más de 2300 millones de personas en el mundo siguen la fe cristiana, distribuidas en diversas tradiciones e instituciones religiosas, como la Iglesia católica, la Iglesia ortodoxa, la Iglesia anglicana y las Iglesias protestantes.

A lo largo de la historia, han surgido distintas interpretaciones sobre la persona de Jesús, lo que ha llevado al desarrollo de una cristología académica elaborada por teólogos especializados. Estos estudios se basan en diversas fuentes, como la Biblia, la historia y la arqueología.

La Biblia es la principal fuente de conocimiento sobre Jesús. En ella se encuentran los Evangelios Sinópticos (Mateo, Marcos y Lucas), el Evangelio de Juan, las cartas apostólicas y otros escritos que narran su vida, enseñanzas y obra redentora.

Desde una perspectiva histórica, existen menciones de Jesús en textos de historiadores no cristianos, como Flavio Josefo, un historiador judío del siglo I, y Cornelio Tácito, un historiador romano de la misma época. Estos testimonios confirman la existencia histórica de Jesús y su impacto en la sociedad de su tiempo.

La arqueología también ha aportado pruebas tangibles de la realidad en la que Jesús vivió, revelando lugares que él frecuentó y la existencia de personajes históricos mencionados en los Evangelios.

Sin embargo, con el desarrollo del pensamiento filosófico y el avance de la ciencia, el escepticismo sobre Jesús como Redentor ha llevado a muchos a abandonar la fe cristiana para seguir ideologías modernas. Además, la proliferación de diferentes corrientes dentro del cristianismo ha generado confusión entre los creyentes, debido a doctrinas creadas por instituciones que, en algunos casos, han priorizado sus propios intereses políticos, sociales, religiosos o económicos sobre la esencia del mensaje de Cristo.

Jesús, durante su ministerio en la Tierra, predicó el mensaje del Reino de Dios y su justicia en muchos lugares. Multitudes lo vieron, lo escucharon y fueron testigos de sus milagros. Entre los que lo seguían, llamó a algunos para que fueran sus discípulos, mientras que otros, al verlo y oírlo, fueron convencidos y decidieron seguirlo.

Los evangelios narran este proceso, que llevó al nacimiento de la Iglesia. Jesús enseñó a sus discípulos el plan de salvación (el Evangelio) y caminó con ellos durante aproximadamente tres años antes de ser arrestado por las autoridades romanas para ser ejecutado. Antes de su arresto, se despidió de ellos en la Última Cena, donde compartieron el pan y el vino. En ese momento, les dio la gran comisión: ir por todo el mundo, hacer discípulos, enseñar lo que él les había enseñado y bautizar en el nombre del Padre, del Hijo y del Espíritu Santo.

Además, Jesús les ordenó esperar la llegada del Espíritu Santo. Este hecho ocurrió en el aposento alto, un lugar donde los discípulos se reunían para orar. A ellos se unieron varias mujeres, formando una pequeña comunidad que, orando en sus casas, compartían todas las cosas, de modo que no había pobres entre ellos. Así nació la Iglesia de Jesús, tal como lo relatan los evangelios y el libro de los Hechos de los Apóstoles.

Con el tiempo, ocurrió la conversión de Saulo de Tarso (Pablo), quien fue enviado a llevar el Evangelio a los griegos y romanos, estableciendo pequeñas comunidades cristianas en muchas partes del Imperio romano. A lo largo de la historia, esta corriente ha continuado, y hoy, en el siglo xxi, la Iglesia sigue manifestándose en aquellos que viven conforme a la doctrina de los apóstoles contenida en los evangelios y las cartas apostólicas, con la fe en Jesús como su Señor y Salvador, dando testimonio, amando como Jesús amó y compartiendo el mensaje de salvación en todas las naciones.

En la actualidad, se suele llamar *iglesia* a las instituciones religiosas y a los lugares donde los creyentes se reúnen para compartir su fe a través de cánticos, oraciones y predicación del mensaje.

Conclusión

La verdadera Iglesia de Jesús es aquella que permanece fiel a las enseñanzas de los apóstoles, ha recibido el Espíritu Santo y da testimonio de ello con acciones que reflejan la vida de Cristo. Estos creyentes esperan la promesa de Jesús: que un día vendrá a reunir a su Iglesia de todos los tiempos para llevarla a su morada, donde habitan el Padre, el Hijo, el Espíritu Santo y toda la asamblea celestial, para reinar con ellos por la eternidad.

Por ello, el cristiano de hoy debe mantenerse alerta y preparado, esperando con fe la venida de su Señor.

Una fe correcta

S. Mateo 7:21-23:

No todo el que me dice: Señor, Señor, entrará en el Reino de los cielos, sino el que hace la voluntad de mi Padre que está en los cielos. Muchos me dirán en aquel día: Señor, Señor, ¿no profetizamos en tu nombre, y en tu nombre echamos fuera demonios, y en tu nombre hicimos muchos milagros? Y entonces les declararé: Nunca os conocí; apartaos de mí, hacedores de maldad.

Vivir una *fe correcta* no se reduce a aceptar doctrinas o participar en rituales; se trata de integrar el mensaje cristiano en cada aspecto de la vida. Es un compromiso que se refleja en actitudes, decisiones y en la manera de relacionarse con el mundo, fundamentándose en los principios del amor, la justicia y la verdad.

Jesús: autor y consumador de la fe

Esta frase, tomada del pasaje bíblico de Hebreos 12:2, destaca a Jesús como el modelo perfecto de la fe. Él no solo inició el camino de la fe, sino que también es quien lo perfecciona. Concentrar toda la atención en Jesús implica imitar su ejemplo, confiar en su guía y permitir que su vida y enseñanzas sean el faro que ilumine cada acción y pensamiento.

Implicaciones prácticas para el cristiano actual:

- Prioridad y compromiso: en un mundo lleno de distracciones, el llamado es a centrar la vida en Jesús, buscando en Él la fuente de sabiduría y fortaleza.

- Transformación personal: al reenfocar la fe, se promueve una transformación interior que se traduce en una mayor coherencia entre creencias y acciones.

- Comunión y testimonio: una fe vivida de forma correcta también se refleja en el testimonio personal, fomentando relaciones basadas en el amor, la compasión y el servicio a los demás.

Capítulo 1.

La Biblia

Para los cristianos, la Biblia es, sin lugar a dudas, la Palabra de Dios. En ella se afirma que «toda la Escritura es inspirada por Dios» (2 Timoteo 3:16).

Sin embargo, a lo largo de la historia, uno de los grandes errores ha sido la mala interpretación de las Escrituras, lo que ha traído confusión y ha dado origen a diversas doctrinas.

En Juan 5:39, Jesús dijo a los fariseos: «Escudriñad las Escrituras, porque a vosotros os parece que en ellas tenéis la vida eterna; y ellas son las que dan testimonio de mí».

Aquí, Jesús enseña que el Antiguo Testamento anunciaba su venida y misión. No obstante, la interpretación errónea de la Escritura ha causado división porque muchas veces las personas la leen con prejuicios, sin considerar su contexto histórico y cultural, o sin aplicar principios sólidos de interpretación. Algunas razones clave de esto son las siguientes:

- Falta de contexto: extraer versículos aislados sin considerar su significado dentro del pasaje completo puede llevar a conclusiones equivocadas.

- Tradiciones y doctrinas humanas: muchas interpretaciones surgen de tradiciones o ideas preconcebidas en lugar de una lectura fiel del texto.

- Diferencias teológicas: desde los primeros siglos del cristianismo, han surgido distintas interpretaciones sobre doctrinas fundamentales como la salvación, la gracia y la naturaleza de Cristo, lo que ha generado divisiones en la Iglesia.

- Uso de la Biblia para justificar intereses personales: a lo largo de la historia, algunos han tergiversado las Escrituras para respaldar ideologías políticas, económicas o sociales, causando confusión y conflictos.

- Falta de guía del Espíritu Santo: la Biblia enseña que el Espíritu Santo es quien ilumina la verdad (Juan 16:13). Cuando la interpretación se basa solo en el razonamiento humano, existe el riesgo de desviar el mensaje original.

Por eso, es crucial estudiar la Biblia con humildad, oración y una disposición a ser transformados por la verdad de Dios, en lugar de imponer nuestras propias ideas en el texto.

El cristiano de hoy debe ser instruido por maestros de las escrituras en cómo leer la Biblia y meditar sobre ella, para tener las herramientas necesarias para su crecimiento espiritual. Es fundamental recordar que el modelo a seguir es Jesús, quien es el personaje central de las Escrituras y el único camino al Padre (Juan 14:6).

Algunos quieren ser como Josué, Moisés, David, Salomón o Pablo, Ester, Devora, María, viéndolos como ejemplos a seguir. Sin embargo, el cristiano debe fijar toda su atención en Jesús: «Puestos los ojos en Jesús, el autor y consumador de la fe».

Capítulo 2.

Jesús

El cristiano del siglo XXI debe tener claro quién es Jesús para vivir una fe correcta. Es de vital importancia conocer a Aquel a quien estamos dispuestos a entregar nuestras vidas y reconocerlo como nuestro único y suficiente Salvador.

La Biblia nos enseña que Él es el autor y consumador de la fe (Hebreos 12:2). Sin embargo, muchos creyentes aún no comprenden con claridad la importancia de que su fe esté fundamentada en Jesús, quien es el único camino al Padre (Juan 14:6).

Veamos lo que la Biblia nos dice acerca de quién es Jesús.

Colosenses 1:15-16, 18-20:

Él es la imagen del Dios invisible, el primogénito de toda creación. Porque en él fueron creadas todas las cosas, las que hay en los cielos y las que hay en la tierra, visibles e invisibles; sean tronos, sean dominios, sean principados, sean potestades; todo fue creado por medio de él y para él.

Él es la cabeza del cuerpo que es la iglesia, él que es el principio, el primogénito de entre los muertos, para que en todo tenga la preeminencia; por cuanto agradó al Padre que en él habitase toda plenitud, y por medio de él reconciliar consigo todas las cosas, así las que están en la tierra como las que están en los cielos, haciendo la paz mediante la sangre de su cruz.

Juan 14:6:

Jesús le dijo: Yo soy el camino, y la verdad, y la vida; nadie viene al Padre, sino por mí.

Filipenses 2:5, 7-11:

Haya, pues, en vosotros este sentir que hubo también en Cristo Jesús, que no escatima ser igual a Dios, sino que se despojó a sí mismo, tomando forma de siervo, hecho semejante a los hombres; y estando en la condición de hombre, se humilló a sí mismo, haciéndose obediente hasta la muerte, y muerte de cruz. Por lo cual Dios también le exaltó hasta lo sumo, y le dio un nombre que es sobre todo nombre, para que en el nombre de Jesús se doble toda rodilla de los que están en los cielos, y en la tierra, y debajo de la tierra; y toda lengua confiese que Jesucristo es el Señor, para gloria de Dios Padre.

Juan 1:9-15, 17-18:

Aquella luz verdadera, que alumbra a todo hombre, venía a este mundo. En el mundo estaba, y el mundo por él fue hecho; pero el mundo no le conoció. A lo suyo vino, y los suyos no le recibieron. Mas a todos los que le recibieron, a los que creen en su nombre, les dio potestad de ser hechos hijos de Dios; los cuales no son engendrados de sangre, ni de voluntad de carne, ni de voluntad de varón, sino de Dios. Y aquel Verbo fue hecho carne, y habitó entre nosotros y vimos su gloria, gloria como del unigénito del Padre, lleno de gracia y de verdad. Juan dio testimonio de él, y clamó diciendo: Este es de quien yo decía: El que viene después de mí, es antes de mí; porque era primero que yo.

Pues la ley por medio de Moisés fue dada, pero la gracia y la verdad vinieron por medio de Jesucristo. A Dios nadie le vio jamás; el unigénito Hijo, que está en el seno del Padre, él le ha dado a conocer.

La fe debe desarrollarse sobre fundamentos bíblicos y en una correcta interpretación.

Si el cristiano de hoy tiene una fe correcta, basada en el plan de salvación y en el conocimiento de su Salvador, no se desviará del camino. No será llevado por los vientos de doctrinas que hoy proliferan y que desvían a quienes no tienen clara su fe.

Mateo 16:13-17 RVR:

Viniendo Jesús a la región de Cesarea de Filipo, preguntó a sus discípulos, diciendo: ¿Quién dicen los hombres que es el Hijo del Hombre? Ellos dijeron: Unos, Juan el Bautista; otros, Elías; y otros, Jeremías, o alguno de los profetas. Él les dijo: Y vosotros, ¿quién decís que soy yo? Respondiendo Simón Pedro, dijo: Tú eres el Cristo, el Hijo del Dios viviente. Entonces le respondió Jesús: Bienaventurado eres, Simón, hijo de Jonás, porque no te lo reveló carne ni sangre, sino mi Padre que está en los cielos.

Muchos se aprovechan de esta falta de fundamento, buscando su propio beneficio. Crean religiones vacías, montan grandes superficies, desarrollan visiones y estrategias con el propósito de atraer seguidores, engrandecer su ego y hacer riquezas a costa de los creyentes.

¡Nota importante!

Es de fundamental importancia resaltar en este tema que Jesús no es una religión ni fundador de ninguna. Los hombres han creado religiones en torno a Jesús, podemos decir que Jesús no es una religión; Él es el Camino, la Verdad y la Vida. Los cristianos y, en general, todas las personas de hoy cuentan con suficientes elementos críticos, históricos, académicos y teológicos para comprender esta verdad. Si miramos a Jesús desde una óptica religiosa, perderemos el verdadero sentido de quién es Jesús y caeremos en la tergiversación de su verdad.

La religión judía no reconoce a Jesús como uno de sus rabinos.

El deseo de Dios Padre es que cada creyente refleje el carácter de Jesús en su vida. Él mismo dijo: «Aprended de mí, que soy manso y humilde de corazón». Esto solo es posible mediante una relación personal con Él, obedeciendo sus mandamientos y siguiendo sus enseñanzas con la ayuda del Espíritu Santo. No se trata de seguir una religión, sino de vivir en comunión con Cristo y con su iglesia.

Capítulo 3.

El sermón del monte

Viendo la multitud, subió al monte, vinieron a él sus discípulos y les enseñaba.

Escuchar hablar a Jesús es aprender del maestro de la vida. Este privilegio lo tuvieron los discípulos y la multitud que escucharon este hermoso sermón que en la Biblia se denomina el sermón de la montaña (Mateo Cps 5, 6, 7).

Para el cristiano de hoy es importante que lea este sermón, que medite en él, lo ponga por obra y lo enseñe.

Es la ética del Reino de Dios en la tierra nos enseña a ser personas a la manera de Dios y no del mundo, definitivamente estamos llamados a hacer personas según el modelo del sermón de la montaña.

La autoridad de Jesús para dar este sermón a sus discípulos se basa en que él mismo practicaba cada una de sus enseñanzas, dando testimonio al mundo de que era hijo de Dios y por supuesto el maestro de vida para la humanidad.

La Biblia nos narra en los evangelios el momento en que Jesús va con tres de sus discípulos a un lugar apartado y se les aparecen

Moisés y Elías hablando con Jesús. Se escucha la voz del Padre, que dice señalando a Jesús: «¡Este es mi hijo amado, en el cual tengo complacencia; a Él oíd!».

Queriendo decir que el mensaje de Jesús no es una inspiración de un hombre,
sino de Dios.

Jesús alentó a sus seguidores a buscar el Reino de Dios y su justicia. El sermón del monte es el desafío a confiar en la justicia del reino y poner en práctica sus enseñanzas.

Estas son las enseñanzas de Jesús en el sermón.

Las bienaventuranzas (Mateo 5:3-12)

Enseña cuál tiene que ser el carácter y la actitud del ciudadano del reino: la humildad los que lloran, la mansedumbre, los justos, los misericordiosos, los de limpio corazón, los pacificadores, los perseguidos por causa de la justicia. Estos son los bendecidos por el Reino de Dios.

La justicia superior (Mateo 5:17-48)

Jesús enseña que su propósito no es abolir la ley, sino cumplirla. Llama a sus seguidores a una justicia que va más allá de la obediencia externa y alcanza el corazón, rechazando la ira, el adulterio, la mentira, y llamando al amor a los enemigos.

La piedad secreta (Mateo 6:1-18)

Jesús advierte contra la religiosidad hipócrita y enseña que la oración, el ayuno y la limosna deben hacerse en secreto, buscando la recompensa de Dios y no la aprobación de los hombres.

El tesoro en el cielo (Mateo 6:19-34)

Jesús exhorta a no afanarse por las riquezas materiales, sino a buscar primero el Reino de Dios y su justicia, confiando en que Dios proveerá lo necesario.

El juicio y la hipocresía (Mateo 7:1-6)

Jesús advierte contra el juzgar a los demás sin examinar primero la propia vida. Usa la metáfora de la viga y la paja para mostrar la necesidad de autoevaluación antes de corregir a otros.

La regla de oro y el camino estrecho (Mateo 7:12-14)

Jesús enseña a tratar a los demás como queremos ser tratados y advierte que el camino al Reino de Dios es estrecho y difícil, en contraste con el camino ancho, que lleva a la perdición.

Los verdaderos discípulos y la casa sobre la roca (Mateo 7:15-29)

Jesús advierte sobre los falsos profetas y señala que la verdadera fe se demuestra por sus frutos. Concluye con la parábola de la casa sobre la roca, enseñando que solo aquellos que oyen y obedecen sus palabras tendrán una base firme en la vida.

Luz y sal

Mateo 5:13-16:

Vosotros sois la sal de la tierra; pero si la sal se desvaneciere, ¿con qué será salada? No sirve más para nada, sino para ser echada fuera y hollada por los hombres. Vosotros sois la luz del mundo; una ciudad asentada sobre un monte no se puede esconder. Ni se enciende una luz y se pone debajo de un almud, sino sobre el candelero, y alumbra a todos los que están en casa. Así alumbre vuestra luz delante de los hombres, para que vean vuestras obras.

Jesús dio a sus seguidores una gran responsabilidad:

En un mundo lleno de tinieblas, Él nos llama a iluminar.
En un mundo corrompido, Él nos llama a preservar.

Esa es la misión del cristiano hoy.

Solo quien posee la verdad y el amor puede cumplir esta misión. No se trata solo de palabras o religión, sino de reflejar el verdadero sentido de la vida en todo lo que somos y hacemos.

Jesús llamó a hombres que vivían en tinieblas y caminaban en maldad. Los transformó y los hizo instrumentos para llevar su mensaje de transformación a muchos, por todo el mundo. Eran hombres comunes y corrientes: trabajadores, comerciantes, religiosos. Pero fueron llamados a caminar con Él como discípulos y a aprender el plan del Reino de Dios y su justicia.

Sus vidas fueron transformadas:

- de las tinieblas a la luz;
- del pecado a la justicia;
- del egoísmo al amor.

Jesús les dio un mandato: ir por todo el mundo y enseñar lo que Él les había enseñado. Los que creyeran serían salvos; los que no ya estaban condenados. También les dijo que se amaran como Él los había amado.

El discipulado de Jesús fue práctico. Aunque todos eran religiosos, Él los liberó de la religiosidad vacía y los hizo verdaderamente libres.

El discípulo de Jesús hoy indudablemente tiene que ser enseñado por el mismo que enseñó a los primeros discípulos, el mensaje a aprender es el de Jesús, con el espíritu que Él dejó.

Él es el único que puede sacar al hombre de las tinieblas a la luz.

Él es el único que puede perdonar los pecados.

Él es el dador del Espíritu Santo y la comunión con el Padre.

Él es el que puede hacer que seamos luz y sal en el mundo de hoy.

Él es el camino al Padre.

Ninguna religión puede hacer nada por la transformación y salvación de la humanidad, solo Jesús.

Jesús dijo que el que enseñara otro evangelio diferente al que Él enseñó sea maldito.

Qué gran responsabilidad la que tenemos los cristianos de hoy al ser luz del mundo y sal de la tierra.

El egoísmo del hombre y la justicia del Reino de Dios

La palabra *egoísmo* proviene del latín *ego*, que significa 'yo', y el sufijo *-ismo*, que indica 'doctrina, tendencia o actitud'. Su origen está en el francés (*égoïsme*), donde apareció en el siglo XVIII, y de ahí pasó al español.

Este concepto ha sido ampliamente discutido en la filosofía moral y la psicología. Filósofos como Thomas Hobbes consideraban el egoísmo como algo natural en el ser humano, una condición inevitable de su existencia. En contraste, Immanuel Kant lo veía como un obstáculo para la ética universal, pues una moral basada solo en el interés propio destruye la posibilidad de un bien común.

Ambos tienen razón en parte. Por naturaleza, el ser humano tiende al egoísmo, buscando primero su propio bienestar. Sin embargo, esta actitud rompe el orden de la creación, que fue diseñada para la interdependencia y la armonía. La vida en comunidad no es posible sin generosidad, sin la disposición de dar y recibir.

Jesús vino a restaurar este principio enseñando la generosidad basada en el amor. En Mateo 7:12 nos da una regla fundamental:

«Así que en todo, traten ustedes a los demás tal y como quieren que ellos los traten a ustedes, porque esto es la Ley y los Profetas».

Jesús no solo predicó sobre la generosidad; la vivió. Tocó a los leprosos, sanó a los enfermos, alimentó a los hambrientos y se identificó con los marginados. Para él, el amor a Dios y el amor al prójimo eran inseparables.

El egoísmo en el mundo actual

Hoy, en el siglo XXI, el egoísmo sigue siendo una de las mayores causas de injusticia. A nivel global, existen naciones extremadamente ricas y otras sumidas en la pobreza. Millones de personas carecen de lo más básico: alimento, agua potable, vivienda digna, acceso a la salud y educación. Esta desigualdad no es un accidente, sino el reflejo de una humanidad indiferente, que pasa de largo ante el sufrimiento de otros.

Algunos justifican esta realidad diciendo: «Siempre ha habido pobres y siempre los habrá». Es cierto que la pobreza ha existido en todas las épocas, pero la justicia del Reino de Dios nos exige ir más allá de la resignación y reconocer los derechos de los más vulnerables. Dios no nos llama a ignorar la necesidad, sino a actuar con compasión.

Isaías 58:7 nos exhorta: «¿No es más bien el ayuno que yo escogí: que compartas tu pan con el hambriento, y a los pobres sin hogar les des refugio; que cuando veas a alguien desnudo, lo cubras, y no te escondas de tu hermano?».

Jesús reafirma esta enseñanza en Mateo 25:31-46, cuando describe el juicio final. En este pasaje, el Rey separa a las personas en dos grupos: los que vivieron con compasión y los que fueron indiferentes. A los primeros les dice: «Porque tuve hambre, y me disteis de comer; tuve sed, y me disteis de beber; fui forastero, y me recogisteis; estuve desnudo, y me cubristeis; enfermo, y en la cárcel, y me visitasteis» (Mateo 25:35-36).

Pero a los otros les dice: «Apartaos de mí, malditos, al fuego eterno... porque tuve hambre, y no me disteis de comer; tuve sed, y no me disteis de beber; fui forastero, y no me recogisteis; estuve desnudo, y no me cubristeis; enfermo, y en la cárcel, y no me visitasteis» (Mateo 25:41-43).

Jesús deja claro que nuestra respuesta a la necesidad de los demás es un reflejo de nuestra relación con él. No podemos decir que amamos a Dios si somos indiferentes al sufrimiento humano.

La justicia del Reino de Dios

El cristiano del siglo XXI está llamado a vivir de acuerdo con los principios del Reino de Dios, lo que implica actuar con justicia y compasión. Buscar el Reino significa comprometernos con el bienestar de los demás, especialmente de los más débiles.

En una sociedad donde el egoísmo y la indiferencia son la norma, el seguidor de Cristo debe marcar la diferencia. No se trata solo de dar limosna, sino de comprender y defender los derechos de los pobres: vivienda, alimentación, salud, educación y dignidad.

Si realmente creemos en Jesús, no podemos ignorar el clamor de los necesitados. Nuestra fe debe traducirse en acción, porque al final, como dice el apóstol Juan: «Si alguien tiene bienes en este mundo y ve a su hermano en necesidad, pero le cierra su corazón, ¿cómo puede morar el amor de Dios en él?» (1 Juan 3:17).

Conclusión

El egoísmo es una tendencia natural del ser humano, pero Jesús nos llama a una vida diferente: una vida de amor, generosidad y justicia.

Capítulo 4.

El mundo de hoy

El mundo de hoy: un escenario de crisis y desafíos

El mayor problema que enfrenta el cristiano hoy depende del contexto en el que se encuentre, pero, en términos generales, hay varios desafíos significativos:

- Relativismo y secularización: la cultura actual tiende a rechazar la idea de la verdad absoluta, lo que hace difícil sostener y defender principios cristianos sin ser visto como intolerante o anticuado.

- Superficialidad espiritual: muchos cristianos luchan con una fe superficial, basada en emociones o costumbres más que en un compromiso real con Dios y Su Palabra.

- Falsa religiosidad y legalismo: aún hoy, muchos confunden el cristianismo con un conjunto de reglas en lugar de una relación con Cristo, lo que lleva a la hipocresía y el alejamiento de la gracia.

- Influencia de ideologías contrarias: desde filosofías materialistas hasta ideologías progresistas o nacionalistas extremas, hay muchas corrientes que pueden desviar la fe o diluir el mensaje del evangelio.

- Pérdida de identidad y misión: muchos cristianos han adoptado un cristianismo cómodo, olvidando el llamado a ser luz y sal en el mundo.

- Persecución y discriminación: en algunos lugares, el cristianismo es duramente perseguido, y en otros, se enfrenta a una marginación sutil en lo social y lo político.

Vivimos en una época marcada por una profunda crisis de valores y un proceso de deshumanización que afecta a múltiples esferas de la vida. La pérdida de la moral y la ética se manifiesta en fenómenos que tienen consecuencias devastadoras para la humanidad, evidenciadas en los siguientes puntos:

- Conflictos bélicos: las guerras entre naciones continúan siendo fuente de dolor, destrucción y desplazamientos masivos.

- Pandemias: las crisis sanitarias, como las recientes pandemias, han puesto de relieve la vulnerabilidad de nuestras sociedades y la importancia de la solidaridad global.

- Cambio climático: los eventos climáticos extremos y el deterioro ambiental amenazan la supervivencia del planeta y de futuras generaciones.

- Pobreza extrema y desigualdad: la distribución desigual de la riqueza y la persistente pobreza acentúan las brechas sociales, generando inestabilidad y conflictos.

- Crisis de valores y pérdida ética: la erosión de principios fundamentales afecta no solo la convivencia social, sino también la forma en que se organiza la vida comunitaria.

- Migración masiva: los desplazamientos forzados y la inmigración masiva, en muchos casos, son consecuencia de conflictos y crisis económicas, generando nuevos retos para la integración y la cohesión social.

- Cambios en el orden social: las ideologías emergentes y los cambios culturales ponen en jaque estructuras tradicionales, exigiendo una adaptación constante a nuevas realidades.

Ante este panorama, surge la pregunta: ¿qué pueden hacer los cristianos para contrarrestar estos desafíos?

Jesús dijo que sus seguidores son la luz del mundo y la sal de la tierra, queriendo decir que los cristianos tienen la tarea de ser ejemplo y motivar al cambio para el bienestar y preservación del bien común.

Los líderes de cada congregación deberían tener muy en cuenta la situación del mundo actual y promover campañas de concientización y ejecución de programas en pro de una solución activa a todos los males que nos aquejan.

«La sal no puede quedarse en el salero. La luz no puede quedarse debajo de un cajón».

El mundo de hoy

Convertido en una vitrina donde se exhiben todas las debilidades de los hombres y mujeres atrayéndolos para atraparlos y esclavizarlos en el consumismo desaforado:

- la sensualidad
- la lujuria
- la glotonería
- la avaricia
- la vanidad
- el licor
- la droga
- el consumismo

Cada persona tiene debilidades que, si no se controlan, se caerá atrapado en ellas y esclavizado. El cristiano debe reflejar en todo ello el dominio propio:

- «Todo me es lícito, pero no me dejaré dominar de nada».

- «Pongo delante de ti la vida y la muerte escoge la vida para que vivas».

Hay que comprender que en el camino diario de la vida se presentan todas estas tentaciones a cada uno de acuerdo con sus concupiscencias y se hace necesario que con dominio propio se pueda tener templanza para no ser dominado del mal, sino dominar con el bien el mal.

Hay que saber que cada día hay más empresarios dispuestos a hacer grandes inversiones en estudios de mercado y ofrecer todo lo que el consumidor desaforado demanda, cayendo en una red de dependencia insaciable.

Jesús fue tentado en todo, él mostró ante las tentaciones esa capacidad que da el dominio propio de no caer y estar firme ante la seducción de lo que ofrece el mundo, que esclaviza a quien atrapa.

Capítulo 5.

Nacer de nuevo y la obra del espíritu

Jesús dijo que el que no naciera de nuevo no podría entrar en el reino de Dios. Esto tiene que ver con la presencia del Espíritu en los creyentes. Nos invita a morir al viejo hombre, refiriéndose a que estamos siendo gobernados por el mal. La Biblia lo llama «vivir en la carne», lo que significa estar influenciado enteramente por los sentimientos, emociones, pasiones y deseos desordenados. Esto produce esclavitud, causando dolor, incertidumbre y, en última instancia, muerte eterna.

Indudablemente, esto no está de acuerdo con el Dios de amor, santo, justo y misericordioso. Por amor al hombre, Dios efectuó un plan para liberarlo de estas consecuencias, ofreciéndole una vida abundante y llevándolo a la eternidad con Él.

Este plan fue revelado a través de los profetas que hablaron en su nombre y fue ejecutado por Jesús, su Hijo amado, quien se hizo hombre. Jesús vivió una vida en la voluntad del Padre. La Biblia enseña que obedeció hasta la muerte en la cruz, consumando así el perfecto plan de salvación. Declaró que el que creyera sería salvo. Jesús vivió, murió y resucitó, llevando a cabo la obra redentora. Por su sangre tenemos redención, el perdón de pecados y la vida eterna.

Jesús dejó a sus seguidores la gran comisión de predicar estas buenas noticias por todo el mundo, no queriendo que nadie se pierda y, por su gracia, invitando a todos a creer. También habló de la promesa del Espíritu Santo, la cual se cumplió el Día de Pentecostés. La Biblia dice que todos los que estaban en el aposento alto fueron llenos del Espíritu Santo.

Se nos exhorta a andar en el Espíritu y no satisfacer las obras de la carne, que se manifiestan en adulterio, fornicación, inmundicia, lascivia, idolatría, hechicerías, enemistades, pleitos, celos, iras, contiendas, disensiones, herejías, envidias, homicidios, borracheras, orgías y cosas semejantes.

En contraste, el fruto del Espíritu es amor, gozo, paz, paciencia, benignidad, bondad, fe, mansedumbre y templanza.

El cristiano de hoy debe comprender que esto es de vital importancia para vivir de acuerdo con el plan de salvación que Jesús enseñó y ejecutó.

Capítulo 6.

El peligro de la religión

Jesús fue enfático al confrontar a los religiosos de su tiempo, quienes habían convertido la fe en Dios en una mera religión. «Los verdaderos adoradores son los que adoran en espíritu y en verdad», dijo Jesús, denunciando las tradiciones que transformaban la adoración en un simple ritual en el templo, basado en sacrificios, ofrendas y prácticas externas. Cuando Jesús visitó el templo, manifestó su total desacuerdo con estas costumbres, dejando en claro que la relación con Dios no dependía de ellas.

Mateo 23:
Mas ¡ay de vosotros, escribas y fariseos, hipócritas! porque cerráis el Reino de los cielos delante de los hombres; pues ni entráis vosotros, ni dejáis entrar a los que están entrando.

Después de esto, Jesús dijo a la gente y a sus discípulos: «Los maestros de la ley y los fariseos enseñan con la autoridad que viene de Moisés». Por lo tanto, obedézcanlos ustedes y hagan todo lo que les digan; pero no sigan su ejemplo, porque ellos dicen una cosa y hacen otra. Atan cargas tan pesadas que es imposible soportarlas, y las echan sobre los hombros de los demás, mientras que ellos mismos no quieren tocarlas ni siquiera con un dedo.

Todo lo hacen para que la gente los vea. Les gusta llevar en la frente y en los brazos porciones de las Escrituras escritas en anchas tiras, y ponerse ropas con grandes borlas. Quieren tener los mejores lugares en las comidas y los asientos de honor en las sinagogas, y desean que la gente los salude con todo respeto en la calle y que los llame maestros. Pero ustedes no deben pretender que la gente los llame *maestros*, porque todos ustedes son hermanos y tienen solamente un Maestro. La diferencia fundamental entre la fe genuina y el ritualismo radica en la motivación interna y la manera en que se vive la obediencia.

Fe genuina

- Origen del amor y la relación personal: la fe genuina nace de una relación íntima y personal con Jesús. La obediencia se expresa por amor, gratitud y deseo de estar en comunión, lo que transforma el corazón y la vida interior.

- Transformación interna: este tipo de fe se refleja en un cambio real en la conducta, donde el cumplimiento de la voluntad divina no es una mera formalidad, sino la manifestación de un compromiso interno.

- Obediencia viva: la acción se convierte en fruto de un amor espontáneo y profundo, lo que genera libertad y crecimiento espiritual, más allá de la mera observancia de normas.

Legalismo ritualismo

- Obediencia mecánica: en el ritualismo, la práctica religiosa se reduce a seguir reglas y tradiciones externas sin que ello se traduzca en una transformación interna. La obediencia se realiza por cumplir con un conjunto de normas, muchas veces por temor o por obligación.

- Falta de conexión personal: aunque se pueden observar ritos y prácticas, en este caso no se cultiva una relación viva con Dios. La acción es formal y externa, y el énfasis está en el *hacer* en lugar del *ser*.

- Posible juicio y autojustificación: el legalismo puede llevar a una actitud de autojustificación y juicio, tanto hacia uno mismo como hacia los demás, en lugar de promover la gracia y el amor que caracterizan a una fe genuina.

El ejemplo de Jesús enseña el verdadero camino para relacionarse con Dios y vivir una vida de auténtica adoración. En la actualidad, los creyentes deben estar alerta para no dejarse cautivar por sistemas religiosos que, a través de estrategias atractivas y una interpretación errónea de las Escrituras, desvirtúan el mensaje original de Cristo.

Las advertencias sobre falsos maestros y profetas que engañarían a muchos son más relevantes que nunca. Hoy en día, vemos líderes religiosos que atraen multitudes con discursos supuestamente inspirados por Dios, pero que en realidad buscan beneficio personal y manipulan a sus seguidores con falsas doctrinas. Estos movimientos, impulsados por visiones humanas, se han extendido por diversas naciones.

En la historia moderna, han surgido líderes religiosos que han tergiversado las enseñanzas bíblicas, causando sufrimiento y tragedia. Casos como el de David Koresh, líder de los adventistas davinianos en Waco, Texas, y Jim Jones, fundador de la secta El Movimiento del Pueblo, han demostrado los peligros de seguir doctrinas distorsionadas. Estos causaron muertes colectivas en sus llamadas iglesias dejando un gran dolor e incertidumbre en la sociedad de los EE. UU.

Además, numerosos líderes han utilizado la fe como un medio de enriquecimiento personal, promoviendo la *doctrina de la prosperidad*, que promete riquezas materiales a cambio de donaciones. Este tipo de enseñanza genera frustración y aleja a los creyentes del verdadero mensaje de Jesús, quien advirtió que «el amor al dinero es la raíz de todos los males».

Por otro lado, existen iglesias legalistas que imponen reglas estrictas sobre la vestimenta, el comportamiento y la forma de hablar de sus miembros, manipulando sus vidas y coartando sus derechos. Estas iglesias enseñan que la salvación se obtiene por obras y no por la gracia a través de la fe en Jesús.

Es fundamental que los creyentes permanezcan firmes en la verdadera enseñanza de Cristo y no se dejen engañar por movimientos que distorsionan el evangelio para su propio beneficio.

Capítulo 7.

¿Qué es ser cristiano?

S er cristiano es seguir las enseñanzas de Jesús, meditar en ellas y ponerlas en práctica cada día. Jesús dijo: «El que oye mi palabra y la pone por obra, le compararé al hombre prudente que edificó su casa sobre la roca» (Mateo 7:24).

«De cierto, de cierto os digo: El que oye mi palabra y cree al que me envió, tiene vida eterna; y no vendrá a condenación, mas ha pasado de muerte a vida» (Juan 5:24).

«Mis ovejas oyen mi voz, y yo las conozco, y me siguen» (Juan 10:27).

Seguir a Cristo

Ser cristiano es comprender el plan eterno de Dios con la humanidad a través del mensaje y la obra de su Hijo. No es solo una creencia, sino una manera de vivir en el Espíritu que Jesús otorga a quienes creen en él.

Es amar a Dios y al prójimo como a uno mismo, reflejando el evangelio en nuestras acciones diarias. Jesús nos enseñó a ser compasivos con los que sufren y ayudar según nuestras capacidades y recursos: viudas, huérfanos, enfermos y extranjeros desamparados. Compartir con el necesitado es una expresión tangible del amor de Dios.

Ser cristiano es pedir perdón cuando ofendemos y perdonar cuando nos ofenden. Esto nos permite vivir en paz con nosotros mismos y con los demás.

Es ser honesto, reconocer nuestras limitaciones y entender que somos solo una pequeña parte de un universo inmenso creado por Dios. No debemos tener una opinión más alta de nosotros mismos de la que debemos tener, sino actuar con humildad y justicia.

Desarrollar dones y talentos para servir

Cada persona tiene talentos y habilidades que deben usarse para el bien común:

- El político debe trabajar por el bienestar de su pueblo.

- El científico aplicar su conocimiento en favor de la humanidad.

- El abogado impartir justicia para una sociedad armoniosa.

- El líder cristiano enseñar y guiar a los creyentes a tener una fe coherente con el mensaje del evangelio de Jesús.

- El trabajador social trabajar por el bienestar social de los más desfavorecidos.

El cristiano de hoy tiene el deber de ejercer y desarrollar sus talentos en pro de la humanidad. Cada oficio o profesión es una oportunidad para reflejar la justicia del Reino de Dios. «El obrero es digno de su salario» (Lucas 10:7). La justicia divina consiste en hacer con los demás lo que queremos que hagan con nosotros.

Amar como Jesús amó

Jesús enseñó que sus seguidores se identificarán por el amor que se tienen unos a otros: «En esto conocerán todos que sois mis discípulos, si tenéis amor los unos por los otros» (Juan 13:35).

Este amor no es solo un sentimiento, sino una acción continua de entrega y servicio. Para amar como él, es necesario recibir el Espíritu Santo, quien transforma el corazón y nos da la capacidad de actuar según la voluntad de Dios.

El apóstol Pablo entendió perfectamente este principio y escribió:

Si yo hablase lenguas humanas y angélicas, y no tengo amor, vengo a ser como metal que resuena, o címbalo que retiñe. Y si tuviese profecía, y entendiese todos los misterios y toda ciencia, y si tuviese toda la fe, de tal manera que trasladase los montes, y no tengo amor, nada soy. Y si repartiese todos mis bienes para dar de comer a los pobres, y si entregase mi cuerpo para ser quemado, y no tengo amor, de nada me sirve.

El amor es sufrido, es benigno; el amor no tiene envidia, el amor no es jactancioso, no se envanece; no es grosero, ni egoísta; no se enoja ni guarda rencor; no se alegra de la injusticia, sino de la verdad. Todo lo sufre, todo lo cree, todo lo espera, todo lo soporta.

El amor nunca deja de ser; pero las profecías se acabarán, cesarán las lenguas y la ciencia acabará. Porque los conocimientos y la profecía son cosas imperfectas; más cuando venga lo perfecto, entonces lo que es en parte se verá perfecto.

Tres cosas hay que son permanentes: la fe, la esperanza y el amor; pero la más importante de las tres es el amor.
1 Corintios 13:1-13

El impacto de la fe cristiana

La historia está llena de ejemplos de personas e instituciones que, inspiradas por las enseñanzas de Jesús, han influido positivamente en sus naciones. Figuras como Mahatma Gandhi, Teresa de Calcuta, Martin Luther King Jr. y Nelson Mandela han sido ejemplos de justicia y paz.

El 60 % de los galardonados con el Premio Nobel de la Paz han sido seguidores de las enseñanzas de Jesús, reflejando cómo la fe cristiana ha sido una fuerza transformadora en el mundo.

Aquí tienes algunas frases célebres sobre Jesús de hombres y mujeres que impactaron al mundo siendo cautivados por su amor:

- Mahatma Gandhi: «Jesús es el príncipe de los pacifistas. Yo soy un humilde seguidor de este gran maestro».

- Albert Einstein: «Nadie puede leer los Evangelios sin sentir la presencia actual de Jesús. Su personalidad late en cada palabra. Ningún mito está lleno de tal vida».

- Napoleón Bonaparte: «Alejandro, César, Carlomagno y yo hemos fundado imperios. Pero ¿sobre qué descansaba la creación de nuestro genio? Sobre la fuerza. Jesucristo fundó su imperio sobre el amor, y en este momento millones de hombres morirían por él».

- Martin Luther King Jr.: «Jesús nos enseñó el camino del amor, y es el único camino que puede traer la paz a la humanidad».

- Fiódor Dostoyevski: «Creo que no hay nada más bello, profundo, simpático, racional, viril y perfecto que Cristo».

- C. S. Lewis: «Jesús dijo que Él era Dios. No dejó abierta la posibilidad de ser un gran maestro moral. O era un lunático, un mentiroso, o era el Hijo de Dios».

- Madre Teresa de Calcuta: «Jesús es mi todo. Sin Él, yo no sería nada».

- Pablo Picasso: «Jesús es el verdadero artista. Él trabaja en el alma humana».

- El papa Francisco: «Jesús no nos salva con una idea, sino con su vida, con su carne, con su historia».

- Billy Graham: «Jesús no es solo una parte de la historia; Él es el punto culminante de la historia».

Estas frases reflejan la profunda influencia que Jesús ha tenido en personas de diferentes épocas y contextos.

Capítulo 8.

El cristiano y la ayuda humanitaria

En el ámbito social, el cristiano de hoy tiene un amplio campo de acción en la ayuda humanitaria. Existen diversas instituciones dedicadas a esta labor, como Caritas Internationalis, World Vision, Opus Dei, los Jesuitas y Amor Gratis en México.

«Amor Gratis, desde la ciudad de Chihuahua, capital del estado del mismo nombre, está desarrollando un programa educativo piloto integral para niños y niñas preadolescentes de bajos recursos. Este proyecto cuenta con el apoyo del gobierno, empresas, iglesias, universidades y voluntarios, fomentando el bienestar y el desarrollo en las comunidades más necesitadas de la ciudad».

Este tipo de instituciones cristianas contribuyen diariamente con educación básica y profesional, ayuda humanitaria, rehabilitación y reinserción de personas marginadas. Además, gestionan hospitales y centros de asistencia para víctimas de la guerra, niños, mujeres y ancianos. Así, se convierten en agentes de cambio en el mundo actual, ofreciendo soluciones a los grandes problemas que afectan a la sociedad actual.

Las obras de amor son un fruto del que ha entendido verdaderamente qué es ser cristiano.

Lucas 10:25, 27-37:

Y he aquí un intérprete de la ley se levantó y dijo, para probarle: Maestro, ¿haciendo qué cosa heredaré la vida eterna?

Aquel, respondiendo, dijo: Amarás al Señor tu Dios con todo tu corazón, y con toda tu alma, y con todas tus fuerzas, y con toda tu mente; y a tu prójimo como a ti mismo. Y le dijo: Bien has respondido; haz esto, y vivirás. Pero él, queriendo justificarse a sí mismo, dijo a Jesús: ¿Y quién es mi prójimo? Respondiendo Jesús, dijo: Un hombre descendía de Jerusalén a Jericó, y cayó en manos de ladrones, los cuales le despojaron; e hiriéndole, se fueron, dejándole medio muerto. Aconteció que descendió un sacerdote por aquel camino, y viéndole, pasó de largo. Asimismo un levita, llegando cerca de aquel lugar, y viéndole, pasó de largo. Pero un samaritano, que iba de camino, vino cerca de él, y viéndole, fue movido a misericordia; y acercándose, vendó sus heridas, echándoles aceite y vino; y poniéndole en su cabalgadura, lo llevó al mesón, y cuidó de él. Otro día al partir, sacó dos denarios, y los dio al mesonero, y le dijo: Cuídamele; y todo lo que gastes de más, yo te lo pagaré cuando regrese. ¿Quién, pues, de estos tres te parece que fue el prójimo del que cayó en manos de los ladrones? Él dijo: El que usó de misericordia con él. Entonces Jesús le dijo: Ve, y haz tú lo mismo.

«Bienaventurados los misericordiosos, porque ellos alcanzarán misericordia».

Podemos concluir que ser cristiano no es solo un título ni una afiliación religiosa, sino un compromiso con un estilo de vida basado en la fe, la justicia, el amor y el servicio. Es seguir a Jesús, reflejar su carácter y ser luz en medio de un mundo que necesita esperanza. La verdadera fe cristiana se vive en cada acción, en cada palabra y en una buena relación con los demás. Los cristianos de hoy no pueden seguir pasando de largo ante tanta necesidad, tienen el compromiso con su fe de mostrar amor y misericordia con los necesitados de una manera activa y eficaz. Los 2 300 000 000 de cristianos tenemos el deber de estar atentos a las necesidades de las viudas, huérfanos, extranjeros que hay en el mundo. Tenemos que seguir el buen ejemplo de Jesús, que dijo que siempre habrá necesitados que atender.

Capítulo 9.

La razón

La vida es el don más precioso que tenemos. Otro don muy importante que tenemos los seres humanos es la capacidad de razonar. El buen uso de la razón es el que ha permitido la observación y la investigación. Esto ha llevado al hombre a comprender el mundo mejor, los grandes descubrimientos científicos que ha desarrollado la humanidad en todas las áreas, trayendo bienestar. La ciencia es el aporte de la razón.

El cristiano de hoy debe ver la ciencia como un gran aliado e involucrarse en ella participando y aportando.

La Biblia nos enseña el plan de redención de Dios con el hombre, los libros nos dan conocimiento e intelecto, los cristianos deben buscar conocimiento en pro del desarrollo del mundo en que vivimos.

Existen movimientos religiosos que satanizan el conocimiento, alientan a sus seguidores a que solo lean la Biblia, lo cual es un error.

La frase bíblica «conoceréis la verdad y la verdad os hará libres» tiene una aplicación amplia en significado; no en todos los textos se puede dar un sentido literal.

Los planteamientos de Jesús son racionales: siempre que habló y debatió con los religiosos (fariseos, saduceos), mostró su capacidad intelectual en defensa de la verdadera fe.

También tenemos otro don, que es la capacidad de decidir; la Biblia lo llama *libre albedrío.*

En Deuteronomio 30:19 leemos:

A los cielos y a la tierra llamo por testigos hoy contra vosotros, que os he puesto delante la vida y la muerte, la bendición y la maldición; escoge, pues, la vida, para que vivas tú y tu descendencia.

Esta declaración nos muestra que Dios no nos obliga a seguirlo, sino que nos da la capacidad de decidir nuestro camino. Cada elección que tomamos tiene consecuencias, no solo para nosotros, sino también para quienes nos rodean. Desde lo más cotidiano hasta las decisiones más trascendentales, nuestro libre albedrío nos permite escoger entre obedecer a Dios o seguir nuestros propios deseos.

Sin embargo, debido a nuestra naturaleza caída, muchas veces tomamos decisiones equivocadas, movidos por la carne en lugar de por el Espíritu. Es por eso por lo que necesitamos la guía del Espíritu Santo, quien habita en nosotros por la fe en Jesús. A través de su dirección, podemos discernir la voluntad de Dios y tomar decisiones alineadas con su propósito.

La Palabra nos anima en Proverbios 3:5-6: «Fíate de Jehová de todo tu corazón, y no te apoyes en tu propia prudencia. Reconócelo en todos tus caminos, y él enderezará tus veredas».

Esto nos recuerda que, aunque tenemos la capacidad de elegir, la verdadera sabiduría radica en someter nuestras decisiones a Dios. Cuando confiamos en Él y permitimos que su Espíritu nos guíe, nuestras elecciones no solo nos benefician, sino que también glorifican a Dios y bendicen a los demás.

Por lo tanto, el libre albedrío es un regalo precioso que debe ejercerse con responsabilidad y bajo la dirección divina. Dios nos invita a escoger la vida, a seguir su camino y a permitir que su Espíritu nos transforme, para que nuestras decisiones reflejen su amor y verdad.

Capítulo 10.

Reflexiones

En esta parte del libro quisiera abordar algunos temas que considero pertinentes y de mucho interés para el cristiano de hoy:

- la familia
- la economía
- el sexo
- el licor
- la droga
- el estrés
- el deporte
- la música
- las redes

Creo que son temas de actualidad que nos interesan a todos y serán de mucho provecho para el cristiano del siglo xxi.

La familia

Entendemos que la familia es una institución creada por Dios. A lo largo de miles de años, este modelo ha demostrado su validez y estabilidad cuando se vive conforme a los principios divinos. Desde el principio, Dios estableció el matrimonio como la unión entre un hombre y una mujer, y Jesús mismo reafirmó este diseño cuando fue interrogado sobre el divorcio.

En Mateo 19:3-6, 8-11 leemos:

Entonces vinieron a él los fariseos, tentándole y diciéndole: ¿Es lícito al hombre repudiar a su mujer por cualquier causa? Él, respondiendo, les dijo: ¿No habéis leído que el que los hizo al principio, varón y hembra los hizo, y dijo: Por esto el hombre dejará padre y madre, y se unirá a su mujer, y los dos serán una sola carne? Así que no son ya más dos, sino una sola carne; por tanto, lo que Dios juntó, no lo separe el hombre. (...) Por la dureza de vuestro corazón Moisés os permitió repudiar a vuestras mujeres; mas al principio no fue así.

Jesús dejó en claro que la intención original de Dios para la familia no ha cambiado. Sin embargo, en la actualidad, el concepto de familia ha sido modificado por nuevas ideologías que han introducido modelos alternativos. Estas transformaciones han tenido un impacto negativo en la sociedad, causando el debilitamiento del núcleo familiar y generando confusión e incertidumbre en hombres, mujeres y niños.

La descomposición familiar ha traído consecuencias visibles en la salud emocional y mental de las personas. Psicólogos especializados en terapia familiar han identificado desequilibrios emocionales severos en aquellos que sufren la ruptura del hogar. En muchos casos, estas crisis llevan a estados depresivos profundos, e incluso al suicidio, cuando las personas no logran enfrentar la pérdida de su familia.

Ante este panorama, el cristiano de hoy tiene la responsabilidad de esforzarse por vivir y defender el modelo de familia establecido por Dios. Su hogar debe ser un testimonio vivo del diseño divino, mostrando al mundo los beneficios de una familia cimentada en el amor, el respeto y la fe en Cristo.

Los defensores del matrimonio y la familia cristiana estudian los efectos de los modelos alternativos y advierten sobre sus consecuencias. Su compromiso no es solo con la doctrina, sino también con la restauración de familias rotas a través del evangelio. La tarea de la Iglesia es clara: proclamar la verdad de Dios y ayudar a las familias a construir sus hogares sobre el fundamento sólido de su Palabra.

Dios diseñó la familia como la base de la sociedad. Proteger y fortalecer ese diseño no es solo una cuestión de principios religiosos, sino una necesidad para la salud y estabilidad de las futuras generaciones. Como creyentes, estamos llamados a vivir y enseñar el modelo de Dios, sabiendo que en Él encontramos plenitud.

Capítulo 11.

El hombre

En la Biblia, el concepto de *hombre* se aborda de manera amplia, profunda y multifacética, abarcando desde su creación hasta su destino final. Presentaré los aspectos claves:

Creación a imagen de Dios

En el relato del Génesis, el hombre es creado a imagen y semejanza de Dios (Génesis 1:26-27). Esto implica que, a diferencia del resto de la creación, el ser humano posee dignidad, capacidad racional y la facultad para relacionarse con su Creador. Esta imagen se interpreta como la base de valores como la moralidad, la creatividad y la capacidad de amar.

La naturaleza y el propósito

En la narrativa bíblica, el hombre no solo es creado para gobernar y cuidar la tierra, sino que también tiene la responsabilidad de vivir en comunión con Dios y con otros seres humanos. Su propósito abarca tanto la gestión responsable del mundo natural como la construcción de relaciones éticas y espirituales.

La caída y sus consecuencias

El relato del Edén describe cómo Adán y Eva, al desobedecer el mandato divino, introdujeron el pecado en el mundo (Génesis 3). Esta *caída* explica, en el pensamiento bíblico, la presencia del sufrimiento, la imperfección y la necesidad de redención en la experiencia humana. El pecado afecta la relación entre el hombre y Dios, así como las relaciones humanas y con el entorno.

Redención y esperanza

A lo largo de la Biblia se desarrolla un arco narrativo de redención. Desde las promesas hechas a los patriarcas hasta la venida de Jesucristo en el Nuevo Testamento, se plantea que, a pesar de la caída, existe un plan divino para restaurar la comunión perdida. Cristo es presentado como el *nuevo Adán*, que, mediante su sacrificio, ofrece la posibilidad de reconciliación y renovación espiritual para toda la humanidad.

Reflexiones teológicas

El retrato del hombre en la Biblia invita a la reflexión sobre la libertad, la responsabilidad moral y la búsqueda de significado. Se reconoce que el ser humano es capaz de cometer errores, pero también de arrepentirse y transformar su vida mediante la fe y el amor. Además, esta visión subraya la esperanza de una existencia futura en la que la justicia y la paz prevalezcan.

En síntesis, la Biblia presenta al hombre como una creación especial, dotada de dignidad y propósito, pero también como un ser que enfrenta desafíos y necesita redención. Este enfoque ha influido en la visión de la identidad humana y en la ética que guía las relaciones interpersonales y con el creador.

Salmos 8:1-9:

¡Oh Jehová, Señor nuestro, Cuán glorioso es tu nombre en toda la tierra! Has puesto tu gloria sobre los cielos; De la boca de los niños y de los que maman, fundaste la fortaleza, A causa de tus enemigos, Para hacer callar al enemigo y al vengativo. Cuando veo tus cielos, obra de tus dedos, La luna y las estrellas que tú formaste, Digo: ¿Qué es el hombre, para que tengas de él memoria, Y el hijo del hombre, para que lo visites? Le has hecho poco menor que los ángeles, Y lo coronaste de gloria y de honra. Le hiciste señorear sobre las obras de tus manos; Todo lo pusiste debajo de sus pies: Ovejas y bueyes, todo ello, Y asimismo las bestias del campo, Las aves de los cielos y los peces del mar; Todo cuanto pasa por los senderos del mar. ¡Oh Jehová, Señor nuestro, Cuán grande es tu nombre en toda la tierra!

La Biblia presenta a la mujer de diversas maneras a lo largo de sus libros, mostrando su dignidad, rol y valor dentro del plan de Dios. Aquí algunos aspectos clave.

Capítulo 12.

La mujer

La mujer cristiana de hoy desempeña un papel fundamental en la sociedad, destacándose en diversos ámbitos como la política, la empresa, el comercio y la ciencia. Con acceso a todas las profesiones, puede desarrollar sus dones y talentos tanto en el ámbito ministerial como en el secular, siempre guiada por su fe en Dios.

Desde tiempos bíblicos, las mujeres han jugado un rol crucial en el plan de Dios. Débora gobernó Israel con sabiduría y valentía (Jueces 4:4-5), Ester usó su influencia para salvar a su pueblo (Ester 4:14) y Priscila enseñó con autoridad la Palabra de Dios junto con su esposo (Hechos 18:26).

Hoy, vemos mujeres liderando países, dirigiendo grandes empresas, haciendo avances científicos y dejando huella en el arte y la literatura. Su impacto es innegable, demostrando que la fe y la excelencia profesional pueden ir de la mano. Como dice Proverbios 31:25: «Fuerza y honor son su vestidura, y se ríe de lo por venir».

La mujer cristiana no solo contribuye con su trabajo y liderazgo, sino que también refleja los valores del Reino de Dios en cada área de su vida. Su testimonio es una luz en medio de un mundo que necesita principios.

La mujer cristiana en el hogar

El hogar es uno de los espacios donde la mujer cristiana desempeña un papel fundamental. A través de su amor, sabiduría y fe, edifica su familia y deja una huella duradera en las generaciones futuras. La Biblia nos muestra que su influencia es poderosa: «La mujer sabia edifica su casa; mas la necia con sus manos la derriba» (Proverbios 14:1).

La mujer cristiana en el hogar no es solo una esposa y madre, sino también una guía espiritual. Su vida de oración, su enseñanza basada en la Palabra de Dios y su ejemplo de servicio inspiran a su familia a vivir conforme a los principios del Reino. Así como Loida y Eunice influyeron en la fe de Timoteo (2 Timoteo 1:5), las madres y abuelas de hoy tienen el privilegio de sembrar valores eternos en sus hijos.

Además, su papel en el hogar no significa limitación, sino liderazgo en amor y servicio. Puede administrar su casa con diligencia, como la mujer virtuosa de Proverbios 31, quien trabajaba con esfuerzo, tomaba decisiones sabias y proveía para su familia. Su labor no es menos importante que la de quienes se desempeñan en otros ámbitos, porque el hogar es la primera escuela donde se forman el carácter y la fe.

Finalmente, la mujer cristiana en el hogar es un reflejo del amor de Cristo. Ya sea soltera, casada, madre o abuela, su influencia trasciende cuando su vida está anclada en Dios. Con su ternura, paciencia y fortaleza, crea un ambiente donde el amor, la paz y la presencia de Dios son palpables.

Como dice Proverbios 31:30: «Engañosa es la gracia y vana la hermosura; la mujer que teme a Jehová, ésa será alabada».

Creación y dignidad

En Génesis 1:27, Dios creó al hombre y a la mujer a Su imagen, lo que implica igualdad en valor y dignidad. En Génesis 2:18, la mujer es presentada como «ayuda idónea» para el hombre, no en un sentido inferior, sino como su compañera complementaria con las responsabilidades y derechos como el de los hombres.

Fueron las religiones guiadas por hombres machistas las que quisieron imponer un rol inferior a la mujer.

Roles y responsabilidades

A lo largo del Antiguo Testamento, las mujeres desempeñan diversos roles: madres (Sara), líderes (Débora), reinas (Ester), profetisas (Miriam, Hulda) y sabias (Abigail). Aunque la sociedad era patriarcal, la Biblia muestra mujeres con influencia y liderazgo.

Jesús y la mujer

Jesús desafió las normas culturales de su época al dignificar y valorar a las mujeres. Dialogó con la samaritana (Juan 4), defendió a la mujer sorprendida en adulterio (Juan 8) y tuvo seguidoras como María y Marta. Fue a una mujer (María Magdalena) a quien primero se apareció tras su resurrección (Juan 20:16).

La mujer en la Iglesia

En el Nuevo Testamento, las mujeres juegan un papel clave en la expansión del evangelio. Febe es llamada diaconisa (Romanos 16:1), Priscila enseña doctrina (Hechos 18:26) y muchas otras son mencionadas como colaboradoras en la obra de Dios.

Mujer virtuosa

Proverbios 31 describe a la mujer sabia y trabajadora como un ideal de virtud. Su rol no se limita al hogar, sino que es emprendedora, fuerte y temerosa de Dios.

En resumen, la Biblia presenta a la mujer como un ser valioso y con propósito en el plan de Dios, desafiando muchas de las limitaciones culturales impuestas en distintas.

Cuando tenemos una identidad clara en cuanto a nuestro sexo, ya sea como hombres o mujeres, comprendemos que estamos llamados a administrar y desarrollar el mundo en el que vivimos. El cristiano de hoy debe tener una comprensión firme de su identidad y de los roles que cada uno desempeña, asumiéndolos con responsabilidad y ética ante los desafíos del mundo actual.

El cristiano de hoy debe tener una comprensión firme de su identidad y de los roles que cada uno desempeña, asumiéndolos con responsabilidad y ética ante los desafíos del mundo actual.

Mostrando con su testimonio que el diseño de Dios hombre-mujer es el modelo perfecto para preservar el buen orden social.

«Un hombre y una mujer en unidad sacan adelante una familia, la sociedad, una nación y al mundo entero; divididos, lo destruyen todo».

La economía

Un tema sumamente importante para el cristiano de hoy tiene que ver con la economía.

Una economía bien llevada da tranquilidad; la adecuada administración de los recursos con que contamos cubrirán los gastos básicos, desarrollará la economía
familiar; para eso contamos con mucha información en las redes. En este tiempo, la IA nos da pautas de administración eficaz.

Una buena mayordomía cristiana da testimonio ante el mundo de la prosperidad de los hijos de Dios.

La economía y la mayordomía cristiana en tiempos de consumo

En una era donde la economía de consumo domina la sociedad y la publicidad nos bombardea constantemente con la necesidad de adquirir más bienes, el cristiano de hoy enfrenta un desafío significativo: administrar sus recursos de manera sabia y evitar caer en la trampa del consumismo desmedido. Millones de personas en todo el mundo son seducidas diariamente a gastar más allá de sus posibilidades, adquiriendo bienes y servicios que, a la larga, no son esenciales y pueden generar endeudamiento y preocupaciones innecesarias.

El peligro del consumismo y la esclavitud del dinero

La economía actual promueve una mentalidad en la que el valor personal se mide por la cantidad de posesiones materiales. Sin embargo, la Biblia nos advierte sobre este peligro: «Nadie puede servir a dos señores, porque odiará a uno y amará al otro; o será leal a uno y despreciará al otro. No se puede servir a la vez a Dios y a las riquezas» (Mateo 6:24).

El consumismo no solo afecta nuestra economía personal, sino también nuestra relación con Dios, pues puede desviar nuestra confianza de Él y hacer que pongamos nuestra seguridad en bienes temporales en lugar de en Su provisión.

La tranquilidad de una economía bien administrada

Una economía bien administrada no solo evita el endeudamiento innecesario, sino que también brinda paz y estabilidad. Cuando administramos nuestros recursos con sabiduría, podemos cubrir nuestras necesidades básicas sin ansiedad y tener la capacidad de ayudar a otros.

Para lograrlo, es fundamental seguir principios financieros bíblicos como los siguientes:

- Elaborar un presupuesto: saber en qué se gastan los recursos. Evita el despilfarro y permite una mejor planificación.

- Vivir dentro de nuestras posibilidades: evitar deudas innecesarias y gastos superfluos nos libra de la preocupación constante por el dinero.

- Ahorrar y planificar para el futuro: la Biblia nos enseña en Proverbios 21:20 que «tesoro precioso y aceite hay en la casa del sabio; mas el hombre insensato todo lo disipa». La previsión es una muestra de prudencia y confianza en la provisión divina.

- Ser generosos: un corazón generoso refleja la naturaleza de Dios y trae bendición (2 Corintios 9:6-7).

Herramientas modernas para una administración eficaz

En la era digital, contamos con una gran cantidad de información y herramientas que nos ayudan a manejar mejor nuestras finanzas. Desde aplicaciones para el control de gastos hasta inteligencia artificial, que proporciona estrategias de administración, hoy en día es posible optimizar nuestros recursos de manera más eficiente.

El acceso a la tecnología nos permite tomar decisiones informadas sobre inversión, ahorro y administración del hogar, evitando errores financieros que pueden comprometer nuestra estabilidad económica.

La mayordomía cristiana como testimonio

Una buena mayordomía cristiana es un testimonio poderoso ante el mundo. Cuando los hijos de Dios manejan bien sus recursos, muestran al mundo la prosperidad que proviene de la obediencia a los principios divinos. No se trata de acumular riquezas, sino de ser fieles en la administración de lo que Dios nos ha dado, recordando siempre que somos administradores y no dueños.

En conclusión, vivir con una economía equilibrada, libre de la esclavitud del consumismo, nos permite enfocarnos en lo verdaderamente importante: nuestra relación con Dios, nuestra familia y el servicio a los demás. Al practicar la mayordomía fiel, experimentamos paz, seguridad y la bendición de ver cómo Dios provee según Sus promesas.

No te olvides de los pobres en el mundo, siempre habrá pobres. El cristiano de hoy no puede pasar de largo cuando ve a los otros en necesidad.

La sexualidad

Jesús enseñó que la sexualidad es un regalo de Dios que debe ser vivida con amor, fidelidad y pureza. No se centró en prohibiciones legalistas, sino en el llamado a vivir una sexualidad sana y responsable, enfocada en el amor a Dios y al prójimo. También mostró que, aunque el pecado sexual tiene consecuencias, siempre hay oportunidad de restauración y gracia para quienes se arrepienten.

La sexualidad del cristiano de hoy

Somos seres creados con la capacidad de sentir placer, y el sexo es una de las experiencias más gratificantes en el plano físico y emocional. Sin embargo, la falta de una educación sexual adecuada y basada en principios bíblicos ha llevado a muchos cristianos a manejar su sexualidad de manera irresponsable, cayendo en prácticas que distorsionan el propósito divino.

La sexualidad en la Biblia

La Biblia es clara al mostrar que la sexualidad es un regalo de Dios, diseñado para disfrutarse dentro del marco del matrimonio entre un hombre y una mujer (Génesis 2:24). Sin embargo, también advierte sobre las consecuencias de la perversión y el desenfreno sexual. La historia de Sodoma y Gomorra (Génesis 19) es un ejemplo de cómo la inmoralidad puede llevar al juicio divino.

Jesús mismo reafirmó la importancia de la pureza sexual y advirtió que no solo los actos físicos, sino también los pensamientos impuros, pueden ser destructivos (Mateo 5:27-28). La enseñanza bíblica no se basa en prohibiciones arbitrarias, sino en un llamado a vivir una vida íntegra y en santidad.

La revolución sexual y sus consecuencias

El concepto de *liberación sexual* surgió con fuerza en la década de 1960, especialmente después de la guerra de Vietnam, con movimientos como el *hippie*, que promovían el lema: «Haz el amor y no la guerra». Lo que comenzó como una reacción a las normas sociales estrictas se convirtió en un fenómeno global que ha transformado la percepción de la sexualidad en la sociedad.

Este cambio ha traído consigo consecuencias significativas:

- Aumento de enfermedades de transmisión sexual (ETS): sífilis, gonorrea, VIH/SIDA, herpes, hepatitis B y C han proliferado, causando sufrimiento y muerte.

- Incremento en embarazos no deseados y abortos: muchas mujeres, incluidas menores de edad, han perdido la vida debido a abortos ilegales y complicaciones médicas.

- Explotación sexual: la prostitución, la pornografía y la trata de personas han convertido la sexualidad en un lucrativo negocio basado en la explotación de la dignidad humana.

- Desintegración familiar: la promiscuidad y la infidelidad han debilitado el núcleo familiar, generando crisis emocionales y sociales.

- Normalización de conductas desviadas: la ideología de género y la promoción de diversas orientaciones sexuales han generado debates sobre la identidad y la moralidad.

La perversión sexual es una de las principales causas de abuso contra niños y niñas en todo el mundo, generando un profundo dolor y traumas irreversibles en las víctimas. En muchos casos, el miedo, la vergüenza o la presión social llevan a sus familiares a guardar silencio para evitar escándalos, lo que perpetúa la impunidad y dificulta la recuperación de quienes han sufrido estos abusos.

Es fundamental visibilizar esta problemática y fortalecer los mecanismos de prevención, educación y justicia para proteger a la infancia. La denuncia y el apoyo a las víctimas son pasos esenciales para romper el ciclo de violencia y garantizar un entorno seguro para todos los niños y niñas.

La respuesta del cristiano ante la crisis sexual

Ante este panorama, el cristiano de hoy debe desarrollar una ética y moral sexual fundamentada en la Palabra de Dios. Esto implica:

- Educación sexual basada en la Biblia: comprender que la sexualidad es un don de Dios y que su propósito es la unidad y la procreación dentro del matrimonio.

- Autocontrol y dominio propio: la pureza no es solo una meta, sino un estilo de vida que se cultiva con disciplina y oración.

- Restauración y gracia: Jesús enseñó que, aunque el pecado sexual tiene consecuencias, siempre hay oportunidad de restauración para quienes se arrepienten (Juan 8:10-11).

- Testimonio y guía: los creyentes deben ser luz en medio de la confusión, enseñando con amor y firmeza los principios divinos sobre la sexualidad.

Conclusión

El cristiano de hoy no puede ignorar el tema de la sexualidad. Más que un asunto de reglas, es una cuestión de identidad, propósito y fidelidad a Dios. La sexualidad vivida con amor, fidelidad y pureza glorifica a Dios y protege nuestra alma de daños innecesarios.

En tiempos donde la confusión y el relativismo moral imperan, los hijos de Dios deben mantenerse firmes en la verdad, recordando que vivir conforme a los principios divinos no solo es una bendición personal, sino un testimonio poderoso para el mundo.

Capítulo 13.

El licor

E l tema del licor en la vida del cristiano de hoy es una cuestión relevante, ya que vivimos en sociedad y participamos en diversas celebraciones familiares, reuniones con amigos, eventos laborales y encuentros en clubes sociales o asociaciones. En muchas de estas ocasiones, el licor está presente como parte de la cultura de la festividad. Por ello, es importante reflexionar sobre cuál debería ser la postura del creyente en relación con el consumo de alcohol a la luz de la Biblia.

Jesús y la participación en celebraciones

Jesús mismo participó en celebraciones sociales. Un ejemplo claro es la boda en Caná de Galilea, donde realizó su primer milagro al convertir el agua en vino para que los invitados continuaran disfrutando de la fiesta: «Este principio de señales hizo Jesús en Caná de Galilea, y manifestó su gloria; y sus discípulos creyeron en él» (Juan 2:11).

Este pasaje demuestra que el vino era una parte común de la vida cotidiana y las festividades en la cultura judía, y Jesús no lo rechazó. Además, en su ministerio, Jesús fue criticado por los fariseos precisamente porque participaba de la comida y la bebida junto con las personas comunes:

Porque vino Juan que ni comía ni bebía, y dicen: Demonio tiene. Vino el Hijo del Hombre, que come y bebe, y dicen: He aquí un hombre comilón y bebedor de vino, amigo de publicanos y de pecadores.
Mateo 11:18-19

Aquí, Jesús deja claro que no evitó el vino, aunque sus opositores lo usaron como una excusa para desacreditarlo.

La libertad del cristiano y el consumo de alcohol

La Biblia no prohíbe el consumo moderado de licor, pero sí advierte claramente sobre los peligros del abuso y la embriaguez: «No os embriaguéis con vino, en lo cual hay disolución; antes bien sed llenos del Espíritu» (Efesios 5:18)

El apóstol Pablo también nos recuerda que, aunque tenemos libertad en Cristo, debemos actuar con sabiduría y responsabilidad: «Todas las cosas me son lícitas, mas no todas convienen; todas las cosas me son lícitas, mas yo no me dejaré dominar de ninguna» (1 Corintios 6:12).

Esto significa que el cristiano de hoy tiene libertad para tomar vino con moderación, pero debe evitar caer en la embriaguez o en el abuso del alcohol, lo cual puede llevar a la esclavitud del pecado y afectar su testimonio.

El dominio propio y el testimonio cristiano

El fruto del Espíritu incluye el dominio propio (Gálatas 5:22-23), lo que implica que un creyente debe ser capaz de controlar su consumo de alcohol para evitar caer en excesos. Además, debemos considerar nuestro testimonio ante otros: «Bueno es no comer carne, ni beber vino, ni nada en que tu hermano tropiece, o se ofenda, o se debilite» (Romanos 14:21).

Si nuestro consumo de licor puede ser un tropiezo para otros, es sabio ejercer prudencia y moderación.

Conclusión

El cristiano de hoy puede tener la libertad de tomar vino o licor con moderación, siempre y cuando lo haga con responsabilidad, dominio propio y sin escandalizar a otros. Lo que no debe hacer es embriagarse o convertirlo en un hábito dañino que lo esclavice. Como creyentes, debemos buscar glorificar a Dios en todo lo que hacemos, incluyendo nuestras decisiones sobre el consumo de alcohol.

Las drogas: un desafío que requiere respuestas integrales

La drogadicción es uno de los problemas más complejos y devastadores que enfrenta la sociedad actual. Su impacto se extiende a múltiples ámbitos, afectando la salud física y mental de las personas, desestabilizando las relaciones familiares y generando consecuencias negativas en la economía y en el desarrollo personal.

Impacto en la salud y en las relaciones familiares

El consumo de drogas deteriora la salud física y mental, lo que puede llevar a enfermedades crónicas, trastornos emocionales y, en muchos casos, a la pérdida de la calidad de vida. Este deterioro afecta no solo al consumidor, sino también a su entorno familiar. Las familias se ven inmersas en un ciclo de conflicto, preocupación y, a menudo, en la ruptura de vínculos afectivos, ya que la adicción genera estrés, aislamiento y, en ocasiones, violencia.

Factores de riesgo y causas de la adicción

Las causas que llevan a una persona a caer en la drogadicción son múltiples y variadas. Entre los factores se encuentran la curiosidad, la influencia social y problemas personales o familiares. La falta de apoyo emocional y las dificultades en el entorno pueden predisponer a ciertos individuos a buscar en las drogas una vía de escape ante sus conflictos internos y externos.

Respuestas institucionales y programas de rehabilitación

Ante esta problemática, los gobiernos y diversas instituciones, tanto públicas como privadas, han desarrollado programas de prevención, rehabilitación y resocialización. Estos programas integrales combinan intervenciones médicas, psicológicas y sociales que buscan no solo tratar la adicción, sino también fortalecer las habilidades para la reintegración en la sociedad. La colaboración entre profesionales especializados y el compromiso de la comunidad son fundamentales para ofrecer soluciones sostenibles y efectivas.

El papel de las entidades cristianas en la rehabilitación

En numerosos países, organizaciones cristianas han asumido un rol activo en la lucha contra la drogadicción. Con principios basados en el amor, la compasión y la solidaridad, estas entidades ofrecen un apoyo integral que abarca tanto la dimensión profesional como la espiritual. El mensaje de Jesús, centrado en el perdón y la redención, se convierte en una herramienta poderosa para llenar el vacío emocional que a menudo impulsa el consumo de drogas. Este enfoque, que combina asistencia técnica y espiritual, contribuye a una recuperación más profunda y duradera.

La responsabilidad del cristiano en la sociedad actual

El cristiano de hoy es llamado a comprometerse con la transformación social, participando activamente en programas de ayuda que ofrezcan apoyo a quienes luchan contra la adicción. Más allá de brindar asistencia directa, se espera que el mensaje de amor y esperanza se comparta en cada encuentro, mostrando a los afectados que existe un camino hacia la recuperación y una vida plena. La integración de la dimensión espiritual en los procesos de rehabilitación refuerza la resiliencia del individuo y fomenta una reinserción exitosa en la comunidad.

Conclusión

La lucha contra el consumo de drogas requiere un enfoque multidimensional que abarque aspectos de salud, bienestar emocional, cohesión familiar y dimensión espiritual. Solo mediante un esfuerzo conjunto entre gobiernos, profesionales, organizaciones sociales y comunidades de fe se podrán construir redes de apoyo efectivas que faciliten la prevención, el tratamiento y la reintegración de los afectados. Frente a este desafío, la sociedad tiene la responsabilidad de promover un entorno de comprensión, ayuda y transformación, donde cada individuo pueda encontrar el apoyo necesario para superar la adicción y reconstruir su vida.

El estrés

El mundo de hoy va a un ritmo vertiginoso, son muchas las responsabilidades que tenemos que afrontar desde muy jóvenes día a día, la familia, estudio, trabajo, economía, salud, vida social, problemas personales. Todo esto en conjunto nos genera estrés, el estrés nos genera una cantidad de enfermedades que se van acumulando; no es difícil encontrar personas jóvenes con varias enfermedades encima.

La Organización Mundial de la Salud (OMS) ha destacado la relación entre el estrés y diversas enfermedades. Según la OMS, las situaciones estresantes pueden desencadenar o agravar problemas de salud mental, como la ansiedad y la depresión, que requieren atención médica. Además, el estrés afecta tanto a la mente como al cuerpo, y cuando es excesivo, puede tener consecuencias físicas y psíquicas.

El estrés crónico también está vinculado a trastornos físicos. Por ejemplo, se ha observado que puede contribuir al desarrollo de enfermedades cardiovasculares. Esto se debe a que el estrés prolongado puede provocar cambios fisiológicos, como la activación del sistema nervioso simpático y la liberación de hormonas del estrés, que afectan negativamente al sistema cardiovascular.

Además, el estrés puede debilitar el sistema inmunitario, aumentando la susceptibilidad a infecciones y otras enfermedades. La respuesta prolongada al estrés puede alterar la función inmunitaria, lo que puede llevar a una mayor vulnerabilidad frente a diversas afecciones.

Para abordar estos desafíos, la OMS ha desarrollado recursos como la guía *En tiempos de estrés, haz lo que importa,* que ofrece técnicas prácticas para manejar el estrés y mejorar el bienestar mental.

Es fundamental reconocer los efectos del estrés en la salud y adoptar estrategias efectivas para su gestión, con el fin de prevenir el desarrollo o la exacerbación de diversas enfermedades.

El cristiano de hoy tiene en Dios su refugio y su ayudador.

«Venid a mí todos los que estáis trabajados y cargados, y yo os haré descansar» (Mateo 11:28, RVR1960).

En este pasaje, Jesús invita a quienes están agotados y agobiados por las cargas de la vida a acudir a Él para encontrar descanso. Su mensaje no solo se aplica al cansancio físico, sino también al estrés, la ansiedad y el peso de la religiosidad vacía o del pecado.

Este versículo resalta la gracia y el alivio que Jesús ofrece a quienes confían en Él. Es un llamado a dejar nuestras cargas en sus manos y encontrar descanso en su amor y soberanía.

«Por nada estéis afanosos, sino sean conocidas vuestras peticiones delante de Dios en toda oración y ruego, con acción de gracias» (Filipenses 4:6, RVR1960).

La oración es medicina

Jesús nos enseñó a orar y encontrar refugio y consuelo en el padre nuestro.

La neurociencia en estudios del cerebro ha encontrado que, cuando una persona ora, ocurren varios cambios en su cerebro que han sido estudiados por la neurociencia. Algunas de las principales observaciones incluyen:

- Activación del lóbulo frontal: esta área, relacionada con la concentración, el razonamiento y la toma de decisiones, se activa cuando alguien ora, especialmente en oraciones reflexivas o meditativas.

- Reducción de la actividad en el lóbulo parietal: este lóbulo está relacionado con la percepción del espacio y la orientación. Durante la oración, su actividad disminuye, lo que podría explicar la sensación de conexión con Dios o una realidad trascendente.

- Liberación de neurotransmisores: la oración puede aumentar los niveles de dopamina y serotonina, sustancias asociadas con el bienestar y la tranquilidad. También puede reducir los niveles de cortisol, la hormona del estrés.

- Activación del sistema límbico: áreas como la amígdala y el hipocampo, relacionadas con las emociones y la memoria, se activan durante la oración, lo que puede generar sentimientos de paz, amor o reverencia.

- Efectos similares a la meditación: estudios han encontrado que la oración contemplativa o repetitiva tiene efectos parecidos a la meditación, reduciendo la ansiedad y mejorando la regulación emocional.

En resumen, la oración no solo tiene un impacto espiritual, sino que también genera cambios medibles en el cerebro, promoviendo calma, enfoque y conexión emocional.

Seguramente, antes que la neurociencia lo descubriera, Jesús ya lo sabía.

Capítulo 14.

El deporte

La frase de que el deporte es salud nos alienta a dar importancia al deporte. Hoy existen infinidad de disciplinas deportivas.

Hacer deporte es fundamental para la salud física, mental y social. Sus beneficios incluyen:

- Salud física: mejora la circulación, fortalece el corazón, reduce el riesgo de enfermedades como la diabetes y la hipertensión, y ayuda a mantener un peso saludable.

- Salud mental: libera endorfinas, reduciendo el estrés, la ansiedad y la depresión. También mejora la autoestima y la concentración.

- Bienestar social: fomenta la disciplina, el trabajo en equipo y la socialización, ya sea en deportes grupales o individuales.

- Longevidad y calidad de vida: mantiene la movilidad, fortalece los músculos y los huesos, y reduce el riesgo de enfermedades crónicas.

Por estas razones, el deporte no es solo una opción, sino una necesidad. Se recomienda practicarlo regularmente para aprovechar sus múltiples beneficios.

En los grupos cristianos, no debería faltar el desarrollo de programas deportivos, ya que, además de mejorar la salud física y mental, promueven la integración y fortalecen la comunidad. El deporte es una excelente herramienta de motivación y puede ser practicado por personas de todas las edades y géneros. Además, brinda una valiosa oportunidad para la evangelización, permitiendo compartir el amor y la obra de Jesús de una manera cercana y accesible para muchos.

Por estas razones, el deporte es una necesidad más que una opción, y se recomienda practicarlo regularmente para aprovechar sus beneficios.

La música

Es sorprendente cómo la música ha jugado un papel importante en la humanidad, presente en todos los pueblos y culturas del mundo a lo largo de la historia. Desde el vientre materno, reaccionamos ante los sonidos y melodías musicales.

La música ha influenciado directamente en el desarrollo cultural de la humanidad. Son muchos los músicos que han dejado un legado con sus grandes obras maestras: Bach, Mozart, Beethoven, Chopin, Strauss, etc.

Cada día surgen nuevos géneros, y la música se ha convertido en una gran industria que mueve millones de euros. Son muchos los intérpretes y cantantes que influyen en millones de personas, cada uno dentro de su propio estilo.

Como en todo, hay música excelente y otra de menor calidad. No todos tienen el don de transmitir bienestar a los corazones de las personas. La música genera alegría, mueve los sentimientos e inspira en diversos aspectos de la vida: en la lectura, la meditación, la hora de comer, al conducir e incluso al descansar. Podríamos decir que la música es un refrigerio para el alma.

En el cristianismo, la música ha estado siempre presente, inspirando a los creyentes en la adoración a Dios. La Biblia dedica muchas páginas a este tema. Los salmos son composiciones poéticas que se cantaban en alabanza a Dios. Personajes como David, Asaf y Hamán fueron músicos y compositores de salmos, dejando un legado que ha inspirado a generaciones de salmistas.

Hoy en día, muchos hombres y mujeres siguen componiendo y cantando música cristiana, enriqueciendo el culto a Dios. Existen movimientos musicales de fama mundial, como Hillsong, CanZion, Worship, que han impulsado la música cristiana en muchos países.

También han surgido nuevos movimientos, como +Arte en España, que está promoviendo una cultura musical en la provincia de Gerona a través de escuelas de música, conciertos y espacios culturales, donde se comparte el evangelio de una forma natural y sencilla.

Cada día más personas se interesan en promover la música cristiana en sus regiones, ofreciendo a los cristianos de hoy una oportunidad para involucrarse y desarrollar su talento e inspirar la adoración a Dios.

Las redes sociales

Es un gran tema a tratar, ya que todos estamos constantemente conectados a las redes sociales. La tecnología ha revolucionado la vida moderna, permitiéndonos acceder a toda la información con un solo clic desde nuestros teléfonos. Se ha convertido en una herramienta fundamental en nuestro día a día, hasta el punto de que muchos ya no pueden vivir sin ella.

Aplicaciones como WhatsApp, Instagram, TikTok, Google, Twitter, Messenger y muchas otras disponibles en Play Store han transformado nuestra manera de comunicarnos e informarnos. Sin embargo, su uso requiere una ética y moral adecuadas para discernir qué contenido es beneficioso y qué no. Desde el hogar, la escuela, las universidades e incluso la iglesia, es necesario fomentar una educación que nos ayude a distinguir entre lo que podemos y no podemos ver en redes sociales.

La Biblia nos ofrece principios clave para reflexionar sobre este tema:

- 1 Corintios 10:23 (RVR1960): «Todo me es lícito, pero no todo conviene; todo me es lícito, pero no todo edifica».
- 1 Corintios 6:12 (RVR1960): «Todas las cosas me son lícitas, mas no todas convienen; todas las cosas me son lícitas, mas yo no me dejaré dominar de ninguna».

El cristiano de hoy debe aprovechar esta gran herramienta y darle un uso adecuado y responsable, utilizándola para difundir el mensaje de Jesús de manera clara y honesta. Lamentablemente, vemos a algunos líderes cristianos compartiendo mensajes que poco tienen que ver con el evangelio de Cristo.

Hoy en día, contamos con teléfonos inteligentes y con la inteligencia artificial (IA), un avance tecnológico que aún estamos explorando. Esta innovación ha reemplazado muchos métodos tradicionales de aprendizaje y desarrollo, ofreciendo nuevas oportunidades, pero también grandes desafíos. Como creyentes, debemos mantenernos firmes en nuestra fe y hacer un uso sabio de estos recursos para glorificar a Dios y edificar a otros.

Capítulo 15.

El cielo y el infierno

En este capítulo propongo estos 2 temas, que son definitivos para el futuro escatológico del cristiano de hoy. Tenemos que darles la importancia que se merecen.

El cielo

Jesús habló en varias ocasiones sobre el cielo en los Evangelios. Aquí hay algunos pasajes clave:

- Jesús dijo: «En la casa de mi Padre muchas moradas hay; si así no fuera, yo os lo hubiera dicho; voy, pues, a preparar lugar para vosotros. Y si me fuere y os preparare lugar, vendré otra vez, y os tomaré a mí mismo, para que donde yo estoy, vosotros también estéis» Juan (14:2-3).

- Jesús dijo: «Gozaos y alegraos, porque vuestro galardón es grande en los cielos» Mateo (5:12).

- Jesús dijo: «Pero haceos tesoros en el cielo, donde ni la polilla ni el orín corrompen, y donde ladrones no minan ni hurtan» (Mateo 6:20).

- En la cruz, Jesús le dijo al ladrón arrepentido: «De cierto te digo que hoy estarás conmigo en el paraíso» (Lucas 23:43). Aquí Jesús promete al ladrón que estará con él en el cielo.

En el plan de redención, Dios promete el cielo como destino final de los creyentes en Jesús. El cielo es la morada de Dios; allí no existe el mal, ni muerte, ni enfermedad.

El cristiano de hoy cree en las promesas de Jesús: él ganó la confianza por todo lo que habló, hizo y vivió durante su ministerio en la tierra.

El apóstol Pablo declaró que morir para él era ganar y vivir era Jesús, para un hombre que tuvo una transformación total cuando conoció a Jesús por revelación, comprendió perfectamente sobre la vida eterna y desde ese momento vivió cada día con esa esperanza viva.

Cuando nos convertimos a Jesús, creemos que él es nuestro único y suficiente salvador, entendemos que tenemos el perdón de los pecados y la vida eterna.

La esperanza del cielo es una de las ideas más poderosas en la fe cristiana. No se trata solo de un destino futuro, sino de una realidad que transforma la vida presente.

A lo largo de la Biblia, el cielo es presentado como la consumación de la redención, el lugar donde Dios enjugará toda lágrima y donde la comunión con Él será perfecta (Apocalipsis 21:4).

El infierno

El tema del infierno no puede dejarse de lado. Así como existe un cielo para los creyentes, también hay un infierno para quienes no han creído en la obra de salvación.

Según la Biblia, el infierno fue preparado para Satanás, sus demonios y los pecadores no arrepentidos. Jesús describe este lugar como un sitio de tormento eterno, como lo vemos en la parábola del hombre rico y Lázaro:

Lucas 16:19-31 (RVR1960):

Había un hombre rico, que se vestía de púrpura y de lino fino, y hacía cada día banquete con esplendidez. Había también un mendigo llamado Lázaro, que estaba echado a la puerta de aquel, lleno de llagas, y ansiaba saciarse de las migajas que caían de la mesa del rico; y aun los perros venían y le lamían las llagas. Aconteció que murió el mendigo, y fue llevado por los ángeles al seno de Abraham; y murió también el rico, y fue sepultado. Y en el Hades alzó sus ojos, estando en tormentos, y vio de lejos a Abraham, y a Lázaro en su seno. Entonces él, dando voces, dijo: Padre Abraham, ten misericordia de mí, y envía a Lázaro para que moje la punta de su dedo en agua, y refresque mi lengua; porque estoy atormentado en esta llama. Pero Abraham le dijo: Hijo, acuérdate que recibiste tus bienes en tu vida, y Lázaro también males; pero ahora este es consolado aquí, y tú atormentado. Además de todo esto, una gran sima está puesta entre nosotros y vosotros, de manera que los que quisieren pasar de aquí a vosotros, no pueden, ni de allá pasar acá. Entonces le dijo: Te ruego, pues, padre, que le envíes a la casa de mi padre, porque tengo cinco hermanos, para que les testifique, a fin de que no vengan ellos también a este lugar de tormento. Y Abraham le dijo: A Moisés y a los profetas tienen; óiganlos. Él entonces dijo: No, padre Abraham; pero si alguno fuere a ellos de entre los muertos, se arrepentirán. Mas Abraham le dijo: Si no oyen a Moisés y a los profetas, tampoco se persuadirán aunque alguno se levantare de entre los muertos.

Esta parábola de Jesús nos muestra lo terrible que es el infierno. No podemos imaginar el arrepentimiento y el dolor de quienes están allí por haber rechazado la salvación cuando tuvieron la oportunidad. El hombre rico, al experimentar el tormento, quiso advertir a sus hermanos, pero ya era demasiado tarde.

El escepticismo, los argumentos racionalistas y la incredulidad endurecen el entendimiento de las personas, llevándolas a rechazar las buenas nuevas de salvación. Sin embargo, la Biblia es clara al decir que el infierno es un lugar de sufrimiento eterno.

No olvidemos lo que dice Romanos 6:23: «Porque la paga del pecado es muerte, mas la dádiva de Dios es vida eterna en Cristo Jesús Señor nuestro».

Dios nos ofrece la salvación por medio de Jesucristo. Hoy es el tiempo de aceptar su gracia y evitar la condenación.

Conclusión
La fe en Jesús en el siglo xxi

El cristianismo, inspirado en Jesús de Nazaret, sigue siendo una fuerza transformadora en el siglo xxi. A pesar de los desafíos como el relativismo, la secularización y las interpretaciones distorsionadas de la fe, el mensaje de Cristo conserva su poder para guiar a millones hacia una vida de amor, justicia y esperanza.

Jesús como fundamento

Él no es una religión, sino el Camino, la Verdad y la Vida (Juan 14:6). Su enseñanza, ejemplificada en el Sermón del Monte, llama a una ética radical del Reino de Dios, donde la humildad, la misericordia y la pureza de corazón son valores eternos. La fe genuina no se reduce a rituales, sino que se vive en espíritu y verdad (Juan 4:23), reflejándose en acciones que glorifican a Dios y sirven al prójimo.

La Iglesia verdadera

No son estructuras institucionales, sino aquellos que, fieles a las enseñanzas de los apóstoles, caminan en el Espíritu Santo (Hechos 2:42-47). Su misión es ser «luz y sal» en un mundo marcado por crisis morales, desigualdad y deshumanización. Esto implica combatir la indiferencia, promover la justicia y practicar la misericordia, como el buen samaritano (Lucas 10:25-37).

Desafíos actuales

El cristiano del siglo XXI debe discernir con sabiduría en temas como estos:

- La familia, defendiendo su diseño divino ante ideologías que la debilitan.

- La sexualidad, viviéndola con amor y pureza en un mundo de explotación y confusión.

- La tecnología, usando redes sociales e IA para edificar, no para esclavizar.

- La ciencia, integrando fe y razón para el bien común.

Esperanza escatológica

La promesa de Jesús, su regreso y la vida eterna, es el faro que guía al creyente (Juan 14:3). Frente a un mundo que oscila entre el materialismo y la desesperanza, el cristiano proclama: «El cielo y la tierra pasarán, pero mis palabras no pasarán» (Mateo 24:35).

Llamado final

Ser cristiano hoy se basa en lo siguiente:

1. Conocer a Jesús a través de la Biblia, evitando doctrinas humanas.

2. Vivir el amor en obras concretas, como ayudar a los necesitados.

3. Mantener la esperanza, sabiendo que «el que persevere hasta el fin será salvo» (Mateo 10:22).

Que esta reorientación de la fe nos impulse a mirar a Cristo, el autor y consumador de la fe (Hebreos 12:2), y a construir un legado que trascienda hacia la eternidad.

«El que tiene oídos, oiga lo que el Espíritu dice a las iglesias» (Apocalipsis 2:7).

Amén.

Este libro es una invitación a vivir una fe auténtica, arraigada en Jesús y relevante para nuestro tiempo. Para profundizar, estudie las Escrituras, ore y únase a una comunidad que practique el amor y la verdad que Jesús enseñó y es la justicia del Reino de Dios en el mundo.

Oración:

Señor, hazme un instrumento de tu paz.
Donde haya odio, lleve yo el amor;
donde haya ofensa, lleve yo el perdón;
donde haya discordia, lleve yo la unión;
donde haya duda, lleve yo la fe;
donde haya error, lleve yo la verdad;
donde haya desesperación, lleve yo la esperanza;
donde haya tristeza, lleve yo la alegría;
donde haya tinieblas, lleve yo la luz.

Oh, Maestro,
que no busque tanto ser consolado como consolar;
ser comprendido como comprender;
ser amado como amar.

Porque dando se recibe,
olvidando se encuentra,
perdonando se es perdonado,
y muriendo se resucita a la vida eterna.

Francisco de Asís